In 100 Tagen eine Freundin

In 100 Tagen eine Freundin
1. Auflage

www.naundob.de
Autorin: Gudrun Nilius
Umschlaggestaltung: edition naundob
Lektorat: Ingrid Kaech / ingridkaech.leichterhand.de
Druck: SDL-Digitaler Buchdruck, Schaltungsdienst Lange oHG, Berlin
ISBN 978-3-946185-22-2

Gudrun Nilius

In 100 Tagen eine Freundin

edition naundob

Inhalt:

100 Tage
Und eine originelle Idee

„Da hängt ja immer noch das doofe Plakat", denkt Irini. Das Plakat ist schon seit Wochen da.

Irini wartet auf den Bus. Gegenüber ist auch eine Bushaltestelle. Dort hängt das Werbeplakat. Das Plakat zeigt eine hübsche junge Frau im Bikini.
Neben der Frau steht in großen Buchstaben:
„In 100 Tagen zur Strandfigur!"
In kleinerer Schrift steht noch auf dem Plakat:
„Schlank und schön durch den Sommer!
Sexy und selbstbewusst am Strand:
Wir zeigen Ihnen, wie Sie in 100 Tagen eine Top-Figur bekommen."

Irini ärgert sich über diese Werbung.

Sie findet, dass jeder Mensch an den Strand gehen kann. Jeder kann sich dort im Bikini oder in der Badehose zeigen. Dafür muss man keine Diät machen.
Irini findet auch, dass ganz unterschiedliche Körper schön sind. Nicht nur die Körper von Models.

Irini muss an ihre beste Freundin Dora denken. Die beiden Frauen kennen sich seit der Schulzeit. Als junge Mädchen waren sie oft gemeinsam am Meer. Damals waren beide kritisch mit ihrem Körper. Sie haben einige Schönheitsfehler an sich gefunden.
Irini hat gedacht: ‚Ich bin zu groß.
Ich habe zu kräftige Beine.'

Irini und Dora haben miteinander über ihre Unsicherheiten gesprochen.

Sie haben sich gegenseitig gesagt, was sie aneinander schön finden. Manchmal haben die beiden auch Komplimente von anderen Menschen bekommen. Von Frauen und von Männern.
Und irgendwann haben sie beschlossen:
Wir sind gut, so wie wir sind.
Wir sind schön, so wie wir sind.
Und andere Menschen auch.
Jeder Mensch hat Schönes an sich.

Inzwischen sind viele Jahre vergangen.
Irini ist 34 Jahre alt und mit Andreas verheiratet.
Andreas sagt ihr, dass sie schön ist.
Ihm gefallen ihre Beine.
Und ihm gefällt, dass sie groß ist.
Andreas ist selbst ein großer Mann.

Wenn Irini im Sommer am Meer ist, geht sie an den Strand. Sie macht vorher keine Diät.

Irini fühlt sich jetzt wohl in ihrem Körper.
Nur ganz selten kommen die alten Gefühle zurück. Dann schreibt Irini schnell auf dem Handy eine Nachricht an Dora:
‚Hier sind so viele hübsche Frauen.
Ich finde mich heute gar nicht hübsch.'
Dann schreibt Dora zurück:
‚Du bist wunderschön!'

Umgekehrt machen sie es genauso.
Auch Dora zweifelt nur noch ganz selten an sich.
Aber wenn es passiert, schreibt sie eine Nachricht an Irini. Und Irini schreibt zurück:
‚Du bist eine sehr attraktive Frau!'
Dann ist alles wieder in Ordnung.

Irini schaut noch einmal auf die Frau im Bikini.
‚Diese Werbung braucht kein Mensch',
denkt sie.

Dann blickt Irini auf ihr Handy.
‚10 nach 9. Gleich muss der Bus da sein.'

Auf der anderen Straßenseite kommen 2 Frauen
gemeinsam zur Bushaltestelle.
Die beiden Frauen unterhalten sich lebhaft und
lachen dabei immer wieder. Sie sind vertraut
miteinander. Bestimmt sind sie Freundinnen.

Freundinnen ...

Irini hat sich in den letzten Monaten oft eine
Freundin gewünscht.
Sie hat Freundinnen.
Aber die meisten sind in Griechenland,
wie Dora.

Irini ist vor 2 Jahren mit ihrem Mann und ihrer Tochter von Griechenland nach Deutschland gezogen. Sie sieht ihre griechischen Freundinnen einmal oder 2 Mal im Jahr.

Hier in Deutschland hat Irini keine Freundinnen.
Sie kennt inzwischen einige Leute,
auch einige Frauen.
Die meisten Frauen kennt Irini nur ein bisschen.
Manche findet sie sympathisch, manche nicht.

Am Anfang hat sie gedacht: ‚Wenn ich ein paar Wochen hier bin, lerne ich Leute kennen.
Dann finde ich auch eine Freundin.'
Jetzt, nach 2 Jahren, weiß sie:
So einfach ist es nicht.
Irini hat Leute kennengelernt.
Aber aus einer Bekanntschaft muss erst eine Freundschaft werden.

Das kann ganz unkompliziert und einfach sein. So war es vor 20 Jahren bei Irini und Dora.

Aber hier in Deutschland hat Irini gemerkt: Es kann schwer sein, eine Freundin zu finden. Und die deutsche Sprache macht es noch schwieriger. Irinis Muttersprache ist Griechisch.

Irini kann inzwischen ganz gut Deutsch. Aber in manchen Situationen muss sie sich überwinden, jemanden anzusprechen. Irini weiß, dass sie einen griechischen Akzent hat.
Sie weiß, dass sie im Deutschen Fehler macht.
Manchmal ist ihr das egal.
Manchmal ist ihr das aber unangenehm.

„In 100 Tagen zur Strandfigur!" So steht es immer noch da. Da schießt ein Gedanke wie ein Blitz in Irinis Kopf:

‚In 100 Tagen eine Freundin!'
Genau! Das ist es!
‚Ich brauche keine Strandfigur. Ich habe eine Figur, und die ist gut genug für den Strand. Aber ich brauche eine Freundin!'

Plötzlich ist Irini ganz wach: ‚Das ist jetzt mein Projekt: In 100 Tagen eine Freundin!'

Der Bus kommt. Irini steigt ein und setzt sich. Sie ist richtig vergnügt.
Irini denkt: ‚Wenn die Freundinnen nicht von alleine kommen, muss ich selbst etwas machen. Ich muss aktiv werden.

Ich gebe mir 100 Tage Zeit. In diesen 100 Tagen versuche ich, einiges zu unternehmen. Ich versuche, mit einer Frau eine Freundschaft anzufangen.'

Noch 99 Tage
Und ein erster Plan

Es ist Abend. Sofia ist eingeschlafen.
Sofia ist die Tochter von Irini und Andreas.
Sie ist 5 Jahre alt.

Irini und Andreas räumen die Küche auf.
Dabei sprechen sie ein bisschen über den Tag.
Danach setzt sich Andreas im Wohnzimmer vor den Fernseher. Er möchte sich ein Fußballspiel ansehen.
Irini setzt sich an den Küchentisch. Sie hat sich einen Schreibblock, einen Kalender und einen Stift geholt. Sie hat sich ein Glas Wein eingeschenkt.

Den ganzen Tag hat Irini immer wieder an ihr Freundin-Projekt gedacht.

Sie hatte aber nicht genug Ruhe, um sich richtig damit zu beschäftigen.
Jetzt möchte Irini ihre Ideen aufschreiben.
Sie nimmt zuerst ihren Kalender.
Heute ist der 6. April.
Gestern hatte Irini die Idee mit den 100 Tagen.
Also sind es ab heute noch 99 Tage.

Irini blättert in ihrem Kalender und zählt die Tage: In 99 Tagen ist der 14. Juli.
Bis zum 14. Juli hat Irini also Zeit für das Freundin-Projekt.

Irini schreibt auf:
5. April – 14. Juli
Mein Freundin-Projekt:

„In 100 Tagen eine Freundin"

Irini möchte Namen von Frauen aufschreiben, die sie schon kennt. Frauen, die sie nett findet. Frauen, die sie besser kennenlernen möchte. Irini spielt mit ihrem Bleistift. Sie denkt nach. Hm. Gar nicht einfach.

‚Wen kenne ich? Wer ist mir sympathisch?'
Nachbarinnen.
In Irinis Haus gibt es 3 Wohnungen.

Ganz oben wohnt ein Ehepaar mit 2 großen Söhnen. Die Söhne studieren an anderen Orten und kommen ab und zu nach Hause. Die Eltern sind berufstätig. Irini schätzt sie auf Mitte 50. Beide, der Mann und die Frau, sind freundlich. Sie grüßen, aber sie gehen dann gleich weiter. Sie haben es meistens eilig und sind auch wenig zu Hause.

Irini hatte bisher kaum Kontakt zu diesen Nachbarn. Sie findet die Leute nett.
Sie glaubt aber nicht, dass die Frau eine passende Freundin für sie wäre.

Irini und ihre Familie wohnen in der Mitte.

Ganz unten wohnt Hanne.
Sie ist eine angenehme Nachbarin,
offen, freundlich und hilfsbereit.
Mit ihr unterhält Irini sich öfter. Manchmal fällt Irini ein Wort auf Deutsch nicht gleich ein.
Dann wartet Hanne geduldig.
Hanne selbst spricht langsam und deutlich.
Hanne ist Mitte 60. Sie ist sportlich und fährt viel mit dem Fahrrad. Sie besucht regelmäßig die Kirchengemeinde in der nahen Kleinstadt und arbeitet dort auch ehrenamtlich mit.

Hanne versteht sich auch gut mit Sofia.
Sie hat schon einige Male auf Sofia aufgepasst.
Sofia und Hanne backen manchmal zusammen einen Kuchen. Das macht beiden Spaß.

In ihrer Wohnung lebt Hanne allein. Ihr Mann ist vor 10 Jahren gestorben. Hanne hat einen erwachsenen Sohn. Er lebt mit seiner Frau und seinem Kind in einer anderen Stadt.

Irini hat Glück, Hanne als Nachbarin zu haben.
Irini mag Hanne.

Aber ist Hanne eine Freundin?
Irgendwie fühlt es sich für Irini nicht so an.
Hanne ist eher so etwas wie eine nette Tante.
Sie ist ungefähr so alt wie Irinis Mutter.

Irini schaut auf ihr leeres Blatt.
Wer, außer den Nachbarinnen, fällt ihr noch ein?

Nadja. Das ist eine Frau aus dem Deutschkurs.
Nadja aus Russland.

Irini hat Nadja sympathisch gefunden. Sie haben sich einige Male in den Pausen unterhalten.
Aber leider war der Deutschkurs dann zu Ende.
Der Deutschlehrer ist umgezogen. Man hat nicht gleich einen Nachfolger für ihn gefunden.

Nadja hat sich herzlich von Irini verabschiedet.
Irini wollte Nadja nach ihrer Telefonnummer fragen. Sie hat aber einen Moment zu lang gezögert. Dann war Nadja schon im Gespräch mit einer anderen Kursteilnehmerin.
Der Moment war vorbei.

‚Schade', hat Irini gedacht. ‚Aber Nadja kann mich ja auch fragen, wenn sie mit mir in Kontakt bleiben will.'

Jetzt sitzt Irini vor ihrem leeren Blatt.
Sie überlegt: ‚Es bringt nichts, auf die anderen zu warten. Wenn ich jemanden mag, muss ich selbst etwas tun. Wenn ich warte, dass die anderen zuerst etwas tun oder sagen:
Dann warte ich vielleicht umsonst.'

Inzwischen hat Irini ihren Wein ausgetrunken.
Das Blatt Papier ist immer noch leer.
Irini schreibt jetzt den Namen ‚Nadja' auf.
Sie weiß im Moment nicht, wie und wo sie Nadja aus dem Deutschkurs finden kann.
Irini kennt Nadja auch noch nicht gut.
Aber sie würde Nadja gern besser kennenlernen.
Wie kann sie das machen?

Irini fühlt sich jetzt müde und will heute nicht mehr nachdenken. Morgen oder übermorgen kann sie weiter überlegen. Sie hat ja noch viele Tage Zeit.

Irini steht auf und geht ins Wohnzimmer.
Andreas sitzt noch vor dem Fernseher und schaut Fußball. Irini setzt sich neben ihn.
Andreas legt seinen Arm um sie.
Er gähnt. „Das Spiel ist langweilig.
Unsere Leute spielen schlecht. Die anderen sind besser, aber sie machen viele Fehler. Es dauert noch 10 Minuten. Gehen wir dann ins Bett?"

„Ja", antwortet Irini. „Ich bin müde. Ich mache noch ein Fußbad. Dann gehen wir schlafen."

Noch 90 Tage
Und ein schönes Fest

Irini holt Sofia aus dem Kindergarten ab.
Die Erzieherin kommt auf sie zu:
„Hallo Frau Makropulu, Sofia hat ein Pflaster am Knie. Sie ist beim Spielen hingefallen. Es ist aber nichts Schlimmes passiert. Es hat nur ein bisschen geblutet."
„Aha. Ist gut, danke für die Information", antwortet Irini.
Die Erzieherin sagt noch: „Schön, dass Sie und Ihr Mann sich als Helfer in die Liste eingetragen haben. Vielen Dank dafür."
„Sehr gerne", erwidert Irini.

In 2 Tagen ist Frühlingsfest im Kindergarten.
Andreas und sie haben sich zum Aufräumen und Abbauen nach dem Fest gemeldet.

Die Erzieherin verabschiedet sich von Irini und von Sofia. Sofia ist müde und trödelt beim Anziehen an der Garderobe.
Da hört Irini ein paar Sätze aus einem Gespräch zwischen 2 Frauen. Die Mütter von Kindern aus einer anderen Gruppe unterhalten sich halblaut.

Eine sagt: „Ich hab ja nichts gegen Ausländer, aber langsam werden es zu viele. Alleine in unserer Gruppe sind doch mindestens 7 oder 8 ausländische Kinder. Und dann diese ganzen Frauen mit Kopftuch. Tut mir leid, aber das passt nicht nach Deutschland. Richtig Deutsch können auch die wenigsten."

Irini fühlt sich gleich betroffen.
Sie trägt kein Kopftuch, aber sie ist Ausländerin.
Sie spricht nicht schlecht Deutsch, aber auch noch nicht richtig gut.

Irini muss an eine Frau mit Kopftuch denken, mit der sie am 2. Kindergartentag von Sofia gesprochen hat. Es war die erste Mutter von einem anderen Kindergartenkind, mit der sie Kontakt hatte. Die Frau war sehr freundlich und konnte gut Deutsch.
Und überhaupt mag Irini es nicht, wenn jemand so allgemein und abwertend über andere redet.

Irini vermutet, dass diese deutsche Frau bisher wenig direkten Kontakt mit Ausländern hatte. Dass die Frau kein Interesse an den Leuten hat. Dass sie noch nicht gefragt hat, warum die Menschen nach Deutschland gekommen sind. Und warum die Menschen so leben, wie sie leben. Es kann verschiedene Gründe dafür geben, dass jemand gut oder schlecht Deutsch spricht. Aber auch darüber hat diese Frau wohl noch nicht genauer nachgedacht.

Irini fühlt eine Mischung aus Scham und Empörung. Sie hat es eilig, hier wegzukommen. Zum Glück hat Sofia inzwischen Schuhe und Jacke angezogen und ist bereit zu gehen.

2 Tage später ist das Frühlingsfest im Kindergarten. Es ist schönes Wetter.
Das Fest kann im Garten stattfinden.
Andreas ist auch mitgekommen.
Sofia ist ganz aufgeregt und voller Vorfreude.

Eigentlich hat Irini sich auch auf das Fest gefreut. Nach dem Erlebnis mit den beiden Müttern in der Garderobe ist sie aber heute etwas angespannt.
Sie spürt einen leichten Druck im Magen.

Irini will der Frau nicht begegnen, die vorgestern so schlecht über Ausländer gesprochen hat.

Irini schaut sich um. Sie kann die Frau nicht entdecken. Irini ist erleichtert.

Das Programm beginnt.
Die Kinder singen einige Lieder vor.
Manche Kinder haben sich verkleidet und führen ein kleines Theaterstück auf.
Danach ist Programmpause. Die Kinder haben Zeit zum Spielen. Sofia läuft zum Sandkasten.

Andreas begrüßt einen Mann, den er von der Arbeit kennt. Die Männer beginnen eine Unterhaltung. Sie stehen einige Meter entfernt von Irini.
Irini überlegt, was sie machen soll. Sie will sich nicht zu den Männern stellen. Vielleicht kann sie auch mit jemandem sprechen? Vielleicht kann sie die anderen Eltern besser kennenlernen?

Viele Leute stehen mit anderen zusammen und unterhalten sich. Irini will nicht einfach zu jemandem hingehen.
Dazu kennt sie die Leute zu wenig.
Dazu ist sie in diesem Moment zu schüchtern.
Irini setzt sich neben den Sandkasten und beobachtet die Kinder. Sie fühlt sich ein bisschen unwohl, weil sie alleine da sitzt.

Doch einige Minuten später setzt sich eine andere Mutter neben sie. Irini hat die Frau schon 3- oder 4 Mal im Kindergarten gesehen. Die Frau hat auch eine Tochter. Sie ist in derselben Gruppe wie Sofia.

Die Frau spricht Irini an:
„So ein tolles Wetter heute. Da macht so ein Fest viel mehr Spaß als bei Regen."
„Ja, das stimmt", nickt Irini.

„Lisa gefällt es", sagt die Frau und schaut zu ihrer Tochter, die auch im Sandkasten sitzt. „Aber wir können leider nicht lange bleiben. Wir sind noch zu einem Geburtstag eingeladen".
„Schade", antwortet Irini.
Irini findet die Frau sympathisch. Sie möchte sich gern mit ihr unterhalten. Sie kennt die Frau aber noch nicht richtig. Deshalb muss sie sich zum Deutsch-Sprechen ein bisschen überwinden.

Die Frau ist anscheinend auch keine Deutsche.
Irini hat ihren Akzent bemerkt.
Ihr Deutsch ist aber sehr gut.
Irini traut sich und sagt: „Wenn wir auf dem Spielplatz sind, spielt meine Tochter auch immer gern im Sand."
Die andere Mutter nickt: „Ja, das macht Lisa auch gern. Sand macht ihr Spaß: auf dem Spielplatz, zu Hause, im Kindergarten.

Da hat man immer viel Wäsche zu waschen."
„Ja, genau", sagt Irini.
Dann fragt sie: „Wie alt ist Lisa?"
„Sie ist noch 4, aber in einem Monat wird sie 5.
Und Sofia?"
Ah, die Frau kennt Sofias Namen.
Das freut Irini. „Sofia ist 5."

Die beiden Frauen sprechen über die Kinder und über den Kindergarten. Irgendwann stellt sich die andere Frau mit Namen vor. Sie heißt Maria.
Auch Irini sagt ihren Namen.
Dann fragt Maria: „Du bist auch nicht aus Deutschland, oder? Woher kommst du?
Wie lange lebst du schon hier?"
Irini erzählt, dass sie Griechin ist. Und dass ihr Mann Andreas halb Grieche, halb Deutscher ist.
Seine Mutter ist Deutsche. Andreas hat seit seiner Kindheit in Griechenland gelebt.

Er ist aber zweisprachig aufgewachsen.
Vor 2 Jahren sind Andreas und Irini mit Sofia nach Deutschland gezogen.
Maria sagt: „Erst vor 2 Jahren?
Du sprichst aber gut Deutsch."

Irini freut sich über das Kompliment.
„Danke. Ich habe schon in Griechenland einen Deutschkurs gemacht. Und hier habe ich auch einen Deutschkurs besucht. Ich mache aber trotzdem viele Fehler."
„Das macht doch nichts. Ich mache auch Fehler. Und ich bin schon 10 Jahre hier. Und ich war auch in Deutschkursen." Maria lacht.
Maria sagt, dass sie aus Polen stammt.
Ihr Mann ist auch Pole.

„Arbeitest du hier?", will Irini wissen.
„Ja, ich arbeite im Supermarkt an der Kasse.
25 Stunden pro Woche, manchmal mehr."
‚Oh, das ist viel', denkt Irini.
Sie selbst geht ein Mal pro Woche
2 Stunden putzen.
„Arbeitest du meistens am Vormittag,
wenn Lisa im Kindergarten ist?", fragt Irini.
„Meistens, ja. Manchmal muss ich auch am
Nachmittag kommen. Dann kann Lisa zum Glück
bei meinen Schwiegereltern bleiben.
Sie wohnen mit uns im Haus."
„Ach, das ist gut. Dann können sie euch helfen.
Bei uns geht das nicht. Meine Eltern leben in
Griechenland. Die Mutter von Andreas auch.
Sein Vater lebt nicht mehr."
„Ja, die Schwiegereltern helfen uns viel.
Sie machen das auch gern", sagt Maria.
„Aber manchmal ist es nicht ganz einfach,

mit den Schwiegereltern im gleichen Hause
zu wohnen."
„Ja, das kann ich verstehen", meint Irini.

Sie will noch weitersprechen, aber da kommt
Lisa zu ihrer Mutter gelaufen. „Ich hab Durst."
„Na, dann holen wir mal was zu trinken."
Maria steht auf und sagt zu Irini:
„Wir müssen dann leider schon weg. Wir gehen
ja noch zu der Geburtstagsfeier. Einen schönen
Nachmittag wünsche ich euch noch."
„Danke, gleichfalls", antwortet Irini.

Sie bedauert, dass das Gespräch schon vorbei ist.
Sie schaut zu ihrem Mann.
Das Gespräch zwischen ihm und dem anderen
Mann ist auch gerade zu Ende.
Andreas kommt und setzt sich neben Irini.
„Hast du dich auch unterhalten?", fragt er.

„Ja, ein bisschen. Leider musste Maria aber schon weg."

Eine Erzieherin ruft die Kinder zur Schatzsuche.
Am Ende der Schatzsuche bekommen die Kinder kleine Geschenke. Dann gibt es noch ein gemeinsames Abschlusslied.
Irini und Andreas bleiben mit Sofia zum Aufräumen. Auch viele andere Helfer sind da.
Sie sind schnell mit der Arbeit fertig.
Die Stimmung ist gut.
Danach spazieren Irini, Andreas und Sofia zu Fuß nach Hause.
Es war ein schönes Fest.

Noch 80 Tage
Und ein unangenehmer Anruf

Der Nachmittag ist kühl und regnerisch.
Irini bügelt die Wäsche.
Dabei hört sie griechische Musik. Sofia ist unten bei der netten älteren Nachbarin Hanne.
Die beiden backen zusammen einen Kuchen.
Irini soll den Kuchen später probieren.

Vor dem Bügeln hat Irini telefoniert.
An das Telefongespräch muss sie jetzt die ganze Zeit denken.
Frau Kremer aus der Arztpraxis hat angerufen.
In dieser Praxis putzt Irini einmal pro Woche 2 Stunden.
Frau Kremer ist Arzthelferin.
Irini findet Frau Kremer nett.
Auch vorhin am Telefon war sie nett.

Aber was sie gesagt hat, hat Irini nicht gefallen. Frau Kremer hat gefragt, ob Irini an einem anderen Tag als bisher zum Putzen kommen kann.
Es gibt noch eine andere Frau, die in der Praxis putzt. Die kommt immer dienstags.
Irini kommt immer freitags.
Die andere Putzfrau möchte die Wochentage tauschen. Es wäre einfacher für sie, am Freitag statt am Dienstag zu arbeiten.

Irini hat kurz den Atem angehalten. Sie hat sofort gewusst, dass sie nicht tauschen möchte. Sie wollte aber auch nicht gleich nein sagen. Irini hat schon einmal mit der anderen Putzfrau die Tage getauscht.

Das war vor einigen Monaten.

Das Tauschen war damals für Irini nicht einfach, weil sie sich mit ihrem Mann absprechen musste. An Irinis Arbeitstag muss Andreas pünktlich zu Hause sein. Er kümmert sich dann um Sofia. Andreas muss das an seinem Arbeitsplatz organisieren.

Nach dem ersten Tausch hat es ein bisschen gedauert, bis sich die Familie umgestellt hat. Inzwischen haben sich Irini, Andreas und Sofia an diesen Ablauf gewöhnt.

Und jetzt wieder tauschen?
Nein, das will Irini nicht. Beim ersten Mal wollte sie hilfsbereit und kollegial sein.
Aber jetzt wieder alles ändern?
Irini ist sich sicher, dass das auch Andreas nicht recht ist.

Frau Kremer hat am Telefon gesagt:
‚Überlegen Sie es sich. Sprechen Sie mit Ihrem Mann. Und sagen Sie uns bitte möglichst bald Bescheid.'

Während Irini bügelt, denkt sie an dieses Telefongespräch. Das Ganze macht sie unruhig. Sie muss heute Abend mit Andreas sprechen.

Plötzlich duftet es nach Kuchen.
Der feine Geruch kommt von unten, aus Hannes Wohnung. Irini schaltet das Bügeleisen aus.
Sie geht nach unten. Hanne holt gerade den Kuchen aus dem Backofen.
Sofia klatscht in die Hände: „Mama, schau mal, der Kuchen!", ruft sie begeistert. „Wir haben den gemacht, Hanne und ich!"
Hanne kocht Tee. Dann essen sie den Kuchen.
Er schmeckt wirklich gut.

Nach dem Kuchenessen darf Sofia eine halbe Stunde fernsehen. Sie möchte das bei Hanne machen.
Aber Irini sagt: „Geh bitte hoch in unsere Wohnung. Ich möchte hier noch ein bisschen mit Hanne sprechen."

Als Sofia gegangen ist, erzählt Irini Hanne von dem Anruf aus der Arztpraxis.

Hanne sagt gleich:
„Du hast doch schon einmal getauscht.
Das wissen die doch. Du musst das nicht noch einmal machen."
Die andere Putzfrau arbeitet schon viele Jahre in der Praxis. Irini macht sich Sorgen:
„Ich bin erst ein und ein halbes Jahr dort.
Vielleicht schmeißen sie mich raus, wenn ich nicht tausche?"

„Ich finde, die verlangen zu viel. Du kannst ja sagen, dass es wegen der Arbeit von Andreas nicht geht."
„Und wenn sie mich trotzdem rausschmeißen?"
„Dann findest du etwas anderes. Putzstellen findet man immer. Leider kann ich dir nicht anbieten, dass ich bei Sofia bleibe.
Am Dienstag bin ich ja immer beim Senioren-Treffen."
„Das weiß ich, Hanne. Ich erwarte das auch nicht von dir", sagt Irini schnell.

Am Abend spricht Irini mit Andreas.
Die beiden reden Griechisch miteinander.
In ihrer Muttersprache kann Irini alles rasch und genau berichten.

Es ist so, wie Irini es vermutet hat: Andreas will den Wochentag nicht noch einmal ändern.
„Das ist viel zu umständlich. Ich muss dann wieder mit den Kollegen sprechen. Ich muss dann wieder so vieles neu organisieren.
Und in ein paar Monaten will die andere Putzfrau wieder tauschen.
Das machen wir nicht mit."
„Und wenn ich die Arbeit verliere?"
„Dann ist das eben so.
Dann suchst du dir was anderes.
Oder du bleibst ganz zu Hause."
„Das will ich nicht", antwortet Irini etwas ärgerlich. „Ich will arbeiten gehen. Wenn ich schon nicht in meinem Beruf arbeiten kann ...
Wenigstens einmal in der Woche
2 Stunden putzen. Das muss doch möglich sein!"

Andreas sagt gleich: „Ja klar. Das ist ja in Ordnung. Ich weiß, dass du das machen willst. Es klappt ja auch ganz gut. Aber so ein Hin und Her müssen wir nicht mitmachen."

Irini will dieses Hin und Her auch nicht. Trotzdem fällt es ihr schwer, abzusagen. Aber sie wird es machen. Sie wird mit Frau Kremer sprechen. Und sie hofft, dass sie ihren Arbeitsplatz behalten kann.

Später im Bett kann Irini lange nicht einschlafen. Sie überlegt, wie sie Frau Kremer absagen kann. Sie will richtiges Deutsch sprechen. Sie will höflich und gleichzeitig klar sein.

Dann denkt Irini darüber nach, dass die Großeltern von Sofia in Griechenland leben. Sie sind weit weg.

Sie können nicht auf Sofia aufpassen.
Das ist schade.
Irini kennt einige Familien, bei denen die Großeltern in der Nähe wohnen. Diese Eltern können Arbeit und Familie leichter vereinbaren.

Momentan arbeitet Andreas mehr als sonst.
Ein Kollege fällt wegen einer Krankheit länger aus. Darum muss Andreas jetzt einige Aufgaben von seinem Kollegen übernehmen. Andreas hatte in letzter Zeit öfter Rückenschmerzen. Einmal hatte er auch Schmerzen in der Brust. Das kommt wahrscheinlich vom Stress.

Irini ist froh, dass sie Hanne hat. Hanne hat schon einige Male auf Sofia aufgepasst.
Hanne ist nett und hilfsbereit. Aber Irini will Hanne nicht zu oft fragen.
Sie will Hanne nicht zu viel zumuten.

Kurz vor dem Einschlafen fällt Irini das Freundin-Projekt ein. Aber das muss jetzt ein bisschen warten.
Irini hat gerade andere Sorgen.

Noch 70 Tage
Und ein Gespräch mit der Schwester

„Na, wie viele Freundinnen hast du schon?“ fragt Eleni und lacht. Irini hat ihr vom Freundin-Projekt erzählt.
„Ach, du ... 5 Freundinnen hab ich schon“, antwortet Irini schlagfertig.
„Was? 5 Freundinnen? In der kurzen Zeit? Echt jetzt?“ Eleni staunt.
Nun lacht Irini. „Ach was, das war ein Scherz. Woher soll ich denn so schnell 5 Freundinnen nehmen? So schnell geht das doch nicht. Außerdem hatte ich ganz andere Sorgen.“
„Was denn für Sorgen?“, will Eleni wissen.

Eleni ist Irinis Schwester. Sie lebt in Griechenland. Ab und zu telefonieren die Schwestern miteinander.

Eleni hat Irini heute angerufen. Sie will wissen, wie es ihrer großen Schwester geht.
Irini nimmt den Telefonhörer ans andere Ohr.
Sie erzählt vom Anruf aus der Arztpraxis:
Dass man sie gebeten hat, an einem anderen Tag putzen zu gehen. Dass Andreas und sie damit nicht einverstanden waren.
Dass sie aber Angst hatte, die Arbeit zu verlieren.

„Und? Was hast du gemacht? Was ist passiert?"
„Ich habe einen Tag später zurückgerufen", sagt Irini. „Ich wollte es schnell hinter mich bringen. Zum Glück war Frau Kremer gleich selbst am Telefon. Vor dem Telefonat hat Andreas mit mir zusammen ein paar Sätze aufgeschrieben. Ich wollte es auf Deutsch richtig machen."

Irini erzählt ihrer Schwester, wie das Telefonat war:

‚Hallo Frau Kremer, hier spricht Irini Makropulu.
Sie haben gestern gefragt, ob ich am Dienstag statt am Freitag zum Putzen kommen kann.
Ich würde das gerne machen, aber leider ist es nicht möglich. Ich brauche jemanden, der auf meine Tochter aufpasst.
Mein Mann kann das nur am Freitag machen.
Am Dienstag geht das im Moment nicht.
Es tut mir leid.'
‚In Ordnung, Frau Makropulu. Es war nur eine Frage. Sie haben ja auch schon einmal getauscht. Ich gebe das dann so weiter.'
‚Vielen Dank, Frau Kremer. Ich komme dann diese Woche am Freitag, wie immer.'
‚Ja, ist gut. Danke für Ihren Anruf.
Einen schönen Tag noch!'
‚Danke, Ihnen auch. Tschüss.'
‚Tschüss.'

Irini sagt zu Eleni: „Ich war richtig erleichtert. Frau Kremer war so freundlich wie immer, obwohl ich abgesagt habe."
„Ah, das ist doch prima", meint Eleni.
„Manchmal muss man sich nur trauen und klar sagen, was man will."

Irini erzählt noch, dass sie nach diesen Telefongesprächen schon einen Arbeitstag hatte. Irini hat Frau Kremer kurz gesehen und ein paar Sätze mit ihr gesprochen. Alles war wie immer.

Irini sagt:
„Ich bin froh, dass jetzt erst einmal alles gut gegangen ist. So wie es aussieht, kann ich bleiben. Einige Zeit möchte ich diese Arbeit noch behalten. Irgendwann will ich aber wieder in meinem Beruf arbeiten."

„Ja, aber es ist besser, wenn du den Zeitpunkt selbst bestimmen kannst“, findet Eleni.
„Genau“, stimmt Irini zu.

Irini ist medizinisch-technische Assistentin.
Sie hat früher in einem Krankenhaus in der Röntgen-Abteilung gearbeitet. Das war noch in Griechenland, bevor Sofia auf der Welt war.
Nach der Geburt ist Irini zu Hause bei ihrer Tochter geblieben.

Als Sofia 3 Jahre alt war, ist die Familie nach Deutschland gezogen.

Irini möchte auch in Deutschland gern in ihrem Beruf arbeiten. Aber sie will warten, bis Sofia in die Schule geht.
Und sie muss noch besser Deutsch lernen.

Eleni fragt: „Weißt du schon, ob du mit deiner griechischen Ausbildung in Deutschland arbeiten darfst?"

Irini seufzt: „Das ist schwierig.

Ich habe bei 2 verschiedenen Stellen gefragt und 2 verschiedene Antworten bekommen.

Ich will mich aber bald noch einmal darum kümmern. Nach den Sommerferien mache ich das. Ich muss fragen, welche Bestimmungen es gibt.

Sofia kommt ja nächstes Jahr in die Schule.

Ich will warten, bis sie sich gut eingewöhnt hat.

Dann würde ich gern wieder als medizinisch-technische Assistentin arbeiten."

Eleni fragt noch weiter:

„Du sprichst ja schon gut Deutsch.

Aber reicht es auch für die Arbeit?"

„Ich glaube nicht", meint Irini selbstkritisch.

„Fürs Einkaufen und für den Kindergarten

reicht es. Im Alltag kann ich sprechen.
Mit Hanne zum Beispiel klappt es immer gut.
Aber die Fachausdrücke für meinen Beruf kenne ich auf Deutsch noch gar nicht. Und ich muss dann viel mit Patienten reden.
Manche Leute nehmen keine Rücksicht darauf, dass ich Ausländerin bin. Sie reden schnell oder undeutlich. Oder sie sprechen einen Dialekt, den ich nicht verstehe.
Wahrscheinlich muss ich sogar noch eine Sprachprüfung machen.
Naja, eins nach dem anderen. Jetzt bin ich erst einmal froh, dass ich die Putzstelle habe.
Und du?
Wie geht es dir?"

Eleni erzählt ebenfalls von der Arbeit.
Dann spricht sie noch über ihre Kinder.
Die sind in einer Theatergruppe.

Sie haben bald eine Aufführung.
Elenis großer Sohn spielt sogar eine Hauptrolle.

Plötzlich sagt Eleni: „Ach, Irini, Schatz, wir machen für heute Schluss, ok? Ich bin müde und will ins Bett."

Das ist typisch Eleni. Von einer Sekunde auf die andere wird sie müde oder hungrig, oder sie friert. Aber Irini ist es recht, dass das Gespräch zu Ende ist. Sie ist auch müde.

„Schlaf schön, Schwesterherz.
Grüß alle! Bis bald!"

Noch 60 Tage
Und eine gute Begegnung

Samstag Morgen, kurz vor 10 Uhr.
Es klingelt.
„Das ist Hanne", vermutet Irini.
Sofia öffnet die Wohnungstür.
Sie ruft nach unten: „Hanne? Bist du das?"
Hanne steht unten an der Treppe:
„Ja, ich bin's! Ich bin soweit!"
Irini kommt zur Tür:
„Wir sind in 5 Minuten fertig!"
„In Ordnung, bis gleich!"

Hanne hat Irini gebeten, sie heute zur
Kirchengemeinde zu fahren.
Morgen findet dort ein Fest statt.
Hanne hilft bei der Vorbereitung.

Dafür bringt sie einige Sachen mit wie Kuchenteller und Tabletts. Es sind zu viele Sachen, um sie mit dem Bus zu transportieren.

Irini hat versprochen, Hanne mit dem Auto zur Gemeinde zu bringen.

Sofia fährt mit ihrer Mama und Hanne mit.
Die Fahrt dauert nur wenige Minuten.
Vor dem Gemeindehaus gibt es einen freien Parkplatz. Irini, Hanne und Sofia holen die Teller und Tabletts aus dem Kofferraum und tragen sie ins Haus.

Einige Leute sind bereits da. Sie grüßen freundlich. Ein paar Gesichter hat Irini schon einmal gesehen.
Hanne hat Irini und Andreas schon öfter zum Gottesdienst eingeladen.

2 Mal sind sie mitgefahren.
Sofia war auch mit dabei.
Es gibt immer einen Kindergottesdienst zur gleichen Zeit. Der hat Sofia gut gefallen.

Eine Frau winkt aus einiger Entfernung.
„Hallo Anita!", ruft Hanne.
„Hallo Anita!", ruft auch Sofia.
Anita arbeitet beim Kindergottesdienst mit.
Irini erinnert sich an sie.

Anita kommt näher.
„Hallo", grüßt sie freundlich.
„Sofia! Schön, dass du da bist."
Sofia lächelt.
„Schau mal, ein paar Kinder sind im Garten.
Sie spielen. Wenn du magst, geh ruhig zu ihnen."

Sofia traut sich nicht allein.
„Komm, Mama!“ Sie zieht ihre Mutter am Arm.
„Wir bleiben aber nur kurz, Sofia“, meint Irini.
„Wir fahren gleich wieder.“
„So lange kann ich ja spielen“, antwortet Sofia.

Im Garten gibt es 2 Schaukeln nebeneinander.
Ein Mädchen ruft von dort:
„Hallo! Willst du auch schaukeln, Sophie?“
„Ich heiße nicht Sophie, ich heiße SOFIA!“
Sofia läuft zu dem Mädchen. Sie setzt sich auf die freie Schaukel und die Mädchen schaukeln nebeneinander.
Dabei unterhalten sie sich.

Im Garten spielen noch andere Kinder.
Die Erwachsenen sind alle im Gemeindehaus.
Durch die Fenster sieht Irini, dass sie Tische und Stühle aufstellen und den Raum schmücken.

Und jetzt? Was soll Irini jetzt machen?
Eigentlich wollte sie Hanne nur hierher fahren, beim Ausladen helfen und wieder zurück fahren.
Hanne kann später den Bus nehmen.
Sie muss ja dann nichts mehr transportieren.

Irini möchte nach Hause fahren.
Andreas braucht nachher noch das Auto.

Sofia und das andere Mädchen sprechen miteinander und lachen dabei.
‚Naja, ein paar Minuten kann ich ihr noch lassen', denkt Irini. ‚Aber was mache ich so lange?'

In der Nähe steht eine Bank. Irini könnte sich hinsetzen und Sofia noch 10 Minuten spielen lassen.

Aber will Irini hier als Einzige sitzen?
Will sie den Kindern beim Spielen und
den Erwachsenen beim Arbeiten zuschauen?
Das kommt ihr komisch vor.

Irini schaut nochmals zum Gemeindehaus.
Anita öffnet gerade das Fenster.
„Möchten Sie vielleicht einen Kaffee trinken?
Wir haben auch Tee, wenn Sie das lieber wollen."
Irini geht ein paar Schritte in Richtung Fenster.
„Ich will Ihnen keine Mühe machen ..."
„Nein, nein, das machen Sie gar nicht. Ich trinke
jetzt sowieso auch was. Kommen Sie nur."
„Ja, dann gerne einen Kaffee, danke."
Sie setzen sich an den Gartentisch.

Eine dritte Frau kommt dazu.
Diese Frau spricht fast die ganze Zeit.
Sie schaut dabei nur Anita an.

Anita versucht, Irini ins Gespräch einzubeziehen.
Aber die andere Frau redet ohne Pause.
Sie ist kaum zu stoppen.
Irini hat auf einmal das Gefühl, dass sie am falschen Platz ist. Sie ist hier fremd und spürt das in diesem Moment sehr deutlich.

Nach einigen Minuten kommt ein Mann zum Tisch. Er bittet die Frau, ihm in der Küche zu helfen.
Diese springt sofort auf.
„Nicht mal eine Tasse Kaffee kann man hier in Ruhe trinken“, stöhnt sie.

Irini ist froh.
Nun sitzt sie allein mit Anita hier.
Sie glaubt, dass auch Anita erleichtert ist.
Anita sagt aber nichts dazu.

Sie schaut zu den Kindern und meint:
„Ich glaube, Sofia fühlt sich wohl hier."
„Ja, das glaube ich auch. Und der Kindergottesdienst hat ihr auch gut gefallen", antwortet Irini.
„Oh, das freut mich", sagt Anita. „Es ist für uns immer schön, wenn wir das hören."

Anita erzählt, dass sie schon lange gemeinsam mit anderen den Kindergottesdienst vorbereitet. Sie hat damit angefangen, als ihre Söhne noch klein waren. Die Jungen haben oft den Kindergottesdienst besucht. Inzwischen ist der eine 15, der andere 14. Sie gehen jetzt in den Gottesdienst für die Erwachsenen.

Irini sagt, dass sie nicht evangelisch ist.
Ihre Kirche heißt griechisch-orthodoxe Kirche.

In Deutschland gibt es einige griechisch-orthodoxe Kirchen. Die nächste ist eine Stunde mit dem Auto von Irinis Wohnort entfernt. Irini hat mit ihrer Familie dort Gottesdienste zu Weihnachten und Ostern besucht. Doch diese Kirche ist zu weit weg, um regelmäßig hinzufahren.

Die orthodoxen Gottesdienste sind anders als die evangelischen Gottesdienste. Aber die 2 Besuche in der evangelischen Gemeinde haben Irini gut gefallen. Das erzählt sie jetzt Anita.

„Was gefällt Ihnen denn an unseren Gottesdiensten?“, erkundigt sich Anita.

Irini überlegt kurz: „Mmmh ...
Ich finde, die Gebete und die Predigt sind sehr nah am Leben.

Ich hatte das Gefühl: Das hat etwas mit mir und mit meinem Leben zu tun. Die Stimmung war locker und trotzdem feierlich. Ich glaube, die Leute sind mit dem Herzen dabei.
Verstehen Sie, was ich meine?"
„Ja, klar. Sie haben das gut gesagt.
Ich sehe das ähnlich."

Die beiden Frauen unterhalten sich noch einige Zeit. Irini fühlt sich wohl mit Anita. Die beiden haben sich viel zu sagen. Sie sprechen über verschiedene Themen. Irini spürt, dass die Sympathie gegenseitig ist.

Irini ist entspannt.
Sie macht sich kaum Gedanken über ihre Fehler in der deutschen Sprache. Außerdem hat Anita ihr Deutsch gelobt.

Schon bald sagen die beiden Du zueinander.
Das fühlt sich passend und gut an.

Schließlich muss Anita aber weiterarbeiten.
Irini und Sofia müssen nach Hause fahren.
Andreas wartet auf das Auto.

Beim Abschied sagt Anita: „Kommt doch morgen zum Gemeindefest. Ich würde mich sehr freuen!"
„Sehr gern. Ich weiß aber noch nicht genau, ob es klappt. Danke für den Kaffee."
„Ach, sehr gerne.
Danke für das schöne Gespräch."

Irini und Sofia verabschieden sich von Anita und von Hanne. Dann ruft Irini noch „Tschüss" in den Raum. Die meisten Leute grüßen freundlich zurück.

Im Auto singt Sofia leise vor sich hin.

Irini denkt noch ans Kaffeetrinken mit Anita.
Es war schön. Irini mag Anita.
Sie möchte sie näher kennenlernen.

Noch 50 Tage
Und ein Rückblick auf die erste Halbzeit

50 Tage sind vorbei. Halbzeit. Was hat Irini mit ihrem Freundin-Projekt erreicht?

Sie sitzt wieder mit ihrem Schreibblock am Küchentisch und will sich Notizen machen.
Irini hat sich bemüht.
Sie hat Kontakte geknüpft.
Sie hat Bekanntschaften gemacht.
Das war nur ab und zu möglich.
Aber Irini hat es versucht.

Auf Irinis Blatt steht bisher nur der Name ‚Nadja'. Nadja vom Deutschkurs. Irini hat Nadja in diesem Kurs zum letzten Mal gesehen.
Der Deutschkurs ist aber schon seit einem halben Jahr zu Ende.

Irini kennt Nadjas Nachnamen und Telefonnummer nicht.
Sie hat versucht, Nadja auf Facebook zu finden.
Das hat nicht geklappt.

Vielleicht kommt Nadja zum neuen Deutschkurs.
Als der alte Kurs zu Ende war, hat man den Teilnehmern gesagt:
„Nach den Sommerferien gibt es einen neuen Kurs. Wir schreiben Ihnen dann eine E-Mail. Wenn Sie wollen, tragen Sie sich bitte in die Liste ein."
Irini und Nadja haben sich eingetragen.

Vor wenigen Tagen hat Irini eine E-Mail von der Volkshochschule bekommen: Im September fängt der neue Deutschkurs an.
Irini hat sich gleich zum Kurs angemeldet.

Wenn Nadja sich auch angemeldet hat,
sehen sich die beiden bald wieder.
Das wäre schön. Der Name Nadja bleibt also
auf dem Blatt stehen.

Wer war da noch in den letzten Wochen?

Maria.
Beim Kindergartenfest haben sich Irini und
Maria unterhalten. Es war ein nettes Gespräch.
Leider musste Maria schon so früh gehen.
Seit dem Kindergartenfest sind einige Wochen
vergangen.
Die beiden Frauen haben sich in dieser Zeit nur 3
Mal kurz im Kindergarten getroffen.
Einmal hatte Maria es eilig und ist rasch an Irini
vorbeigelaufen. Sie hat aber freundlich gegrüßt.
Einmal hat Marias Tochter geweint und Maria
war mit Trösten beschäftigt.

Und einmal war Maria im Gespräch mit einer anderen Frau.

Ob sie Maria näher kennenlernen wird?
Irini ist unsicher.
Sie hatte bisher erst so wenig Kontakt mit Maria.
‚Ich kann Maria noch einmal ansprechen', überlegt Irini. ‚Dann merke ich vielleicht, ob sie Interesse hat. Und ich merke auch, ob ich sie selber noch nett finde.'

Irini hat auch das schon erlebt:
Man lernt jemanden kennen und findet die Person angenehm. Wenn man sich aber besser kennenlernt, stellt man fest:
So nett ist der oder die doch nicht.

Wie das mit Maria ist, muss Irini noch herausfinden. Sie schreibt auch den Namen Maria in ihren Block.

Dann fällt Irini eine Situation von letzter Woche ein: Sofia war bei einer Freundin aus dem Kindergarten zum Geburtstag eingeladen.
Andreas hat Sofia hingebracht.
Irini hat Sofia später abgeholt.
Sie musste 15 Minuten warten. Die Kinder haben noch Würstchen und Pommes gegessen.

Auch andere Eltern waren schon da und haben gewartet. Irini hat sie nicht gekannt. Die Leute haben sich unterhalten. Irini hat überlegt, ob sie sich dazustellen soll. Sie ist dann aber an ihrem Platz stehengeblieben. Die anderen Eltern haben sie auch nicht angesprochen.

Die 15 Minuten haben sich für Irini doppelt so lange angefühlt. Sie war froh, als sie mit Sofia gehen konnte.

Nachher war Irini ein bisschen unzufrieden mit sich. Sie hat sich Gedanken gemacht:
Warum ist sie nicht einfach zu den anderen Eltern hingegangen? Warum war sie nicht lockerer und selbstbewusster?

Irini hat später ihrem Mann davon erzählt.
Er hat gemeint: „Man muss nicht immer und überall mit jedem sprechen. Manchmal passt es einfach nicht. Das ist ganz normal."
Und da hat er recht.

Doch eine sehr schöne Begegnung hat es gegeben: Mit Anita von der Kirchengemeinde.

Eigentlich waren es 2 Begegnungen. Zuerst bei den Vorbereitungen fürs Gemeindefest. Und dann beim Gemeindefest selbst.

Irini hat Andreas vorgeschlagen, das Fest zu besuchen. Andreas hatte am Anfang keine Lust:
„Wir wollten doch schwimmen gehen."
„Und wenn wir beides machen?", hat Irini gesagt.
„Zuerst gehen wir zum Gottesdienst und bleiben noch zum Mittagessen. Danach fahren wir ins Schwimmbad. Wir müssen ja nicht bis zum Schluss beim Fest bleiben."
Damit war Andreas einverstanden.

Sofia war wieder im Kindergottesdienst und hat danach mit den anderen Kindern gespielt. Andreas hat sich beim Mittagessen mit einer Frau unterhalten. Sie kommt aus der gleichen Stadt wie seine Mutter.

Anita hatte leider wenig Zeit für Irini.
Sie hat geholfen, das Mittagessen auszuteilen.
Sie hat Irini aber herzlich begrüßt:
„Tut mir leid, ich habe gerade viel zu tun.
Wie lange bleibt ihr denn?"
Irini hat gesagt, dass sie nicht lange bleiben können.
„Wenn du magst, können wir Telefonnummern austauschen. Dann können wir uns vielleicht ein anderes Mal auf einen Kaffee treffen."
„Ja, sehr gern", hat Anita gleich geantwortet.

Irini hat gemerkt, dass Anita sich gefreut hat.
Irini selbst freut sich auch.
Weil sie sich getraut hat.
Und weil es geklappt hat.
Nun hat Irini Anitas Nummer.

Die beiden haben seither noch nicht telefoniert.
Aber Irini hat sich fest vorgenommen,
Anita anzurufen.

Irini schreibt den Namen Anita in den Block,
etwas größer als die Namen Nadja und Maria.

Irini schaut nachdenklich auf die 3 Namen.
War da sonst noch jemand?
Irini fällt niemand ein.

‚Richtig viel habe ich in 50 Tagen nicht erreicht',
denkt Irini. ‚Oder vielleicht doch? Man kann
nicht wissen, was sich vielleicht noch entwickelt.
Auf jeden Fall freue ich mich, dass ich Anita
kennengelernt habe. Mit ihr geht es bestimmt
weiter.'
Dieser Gedanke macht Irini froh.

Noch 40 Tage
Und ein großer Schrecken

„Guten Tag Frau Makropulu,
Hochmeier am Apparat."

Frau Hochmeier ist eine Sekretärin in der Firma,
in der Andreas arbeitet.

„Bitte erschrecken Sie nicht. Aber ich möchte
Ihnen Bescheid geben: Ein Kollege von uns,
Herr Maurer, hat Ihren Mann ins Krankenhaus
gebracht. Andreas hatte Schmerzen in der Brust
und konnte schlecht atmen. Es ist wahrscheinlich
nichts Schlimmes. Aber es ist besser, wenn ein
Arzt ihn untersucht."
Was? Irini wird schwindelig.
Sie kann erst einmal gar nicht viel sagen:
„Aha ... ja, danke ..."

Irini schluckt und fragt dann:
„Was genau ist mit ihm?
In welchem Krankenhaus ist er?"

Frau Hochmeier antwortet mit Mitgefühl in der Stimme: „Sie sind ins Marien-Krankenhaus gefahren. Machen Sie sich nicht zu große Sorgen.
Andreas hat gesagt, dass er sich nicht wohlfühlt.
Er hatte ein Druckgefühl auf der Brust.
Und er hat schlecht Luft gekriegt.
Er selbst wollte zuerst gar nicht zum Arzt.
Wir konnten ihn überreden.
Aber er wollte keinen Krankenwagen.
Herr Maurer ist mit ihm gefahren.
Das Marien-Krankenhaus ist ja gleich hier in der Nähe. Andreas konnte selbst zum Auto gehen. Machen Sie sich nicht zu große Sorgen", wiederholt Frau Hochmeier.

Doch natürlich macht Irini sich Sorgen.
Hat Andreas etwas am Herzen? Ein Onkel von ihm ist seit seiner Jugend herzkrank.
Irini erinnert sich jetzt auch, dass Andreas vor einiger Zeit schon einmal Schmerzen in der Brust hatte. Die Schmerzen waren damals aber zum Glück schnell wieder vorbei.

„Frau Makropulu? Wahrscheinlich möchten Sie zu Ihrem Mann ins Krankenhaus?
Haben Sie jemanden, der Sie fahren kann?"
„Ja, ich fahre hin. Ich komme.
Ich spreche mit meiner Nachbarin.
Danke. Danke, Frau Hochmeier."
„Gerne und alles Gute.
Sie müssen sich nicht hetzen.
Herr Maurer kann bei Ihrem Mann bleiben, bis Sie kommen."
„Vielen Dank, Frau Hochmeier. Tschüss."

Viele Gedanken wirbeln in Irinis Kopf.
‚Ruhig, bleib ruhig', denkt sie. ‚Ruhig atmen.
Was muss ich tun?
Wie komme ich ins Krankenhaus?
Was mache ich mit Sofia?'

Hanne. Hoffentlich ist sie zu Hause.
Irini läuft die Treppe hinunter und klingelt bei ihrer Nachbarin. Zum Glück ist Hanne da.
Aufgeregt erzählt Irini, was passiert ist.
Hanne bleibt ruhig. Das tut Irini gut. Hanne kann Sofia später vom Kindergarten abholen.
Sofia kann bei Hanne bleiben, bis Irini zurückkommt.

Irini möchte schnell zum Bus laufen.
Hanne schlägt vor, dass sie mit dem Taxi fährt.
Ja, das ist besser.

Hanne greift zum Telefon und bestellt ein Taxi.
„In ein paar Minuten ist es da."

Irini läuft zurück in ihre Wohnung. Sie zieht sich Schuhe und Jacke an und holt ihre Handtasche.
Hanne sagt: „Du kannst mich jederzeit anrufen.
Wenn du mich brauchst, komme ich nach."
„Danke, Hanne. Danke für alles.
Ah, da kommt das Taxi!"

Irini sitzt im Taxi hinten. Sie ist froh, dass der Taxifahrer kein Gespräch anfängt.
Und sie ist froh, dass das Taxi auf den Straßen gut vorankommt. In spätestens 15 Minuten wird sie bei Andreas sein.

Irini hat Angst.
Was ist, wenn Andreas einen Herzinfarkt hatte?
Oder so was Ähnliches?

Druck auf der Brust und Atemnot:
Das hat man doch bei Herzproblemen?

Gut, dass er nicht allein ist. Hannes Maurer ist bei ihm. Irini kennt Hannes ein bisschen.
Er ist der Lieblingskollege von Andreas.
Er und Andreas teilen sich den Büroraum.

Aber lieber möchte Irini selbst bei Andreas sein.
Hoffentlich hat man ihn schon untersucht.
Hoffentlich wird er schon behandelt.
Hoffentlich muss er nicht operiert werden!

Irini betritt das Wartezimmer der Notaufnahme.
Gott sei Dank, da sind sie!
Andreas sitzt neben Hannes. Andreas ist ein bisschen blass und hat Schweiß auf der Stirn.
Aber er lächelt.

Irini atmet einmal tief aus und geht zu den
beiden. Sie erfährt, was bisher passiert ist:
Andreas und die Kollegen hatten auch Angst,
dass Andreas etwas mit dem Herzen hat.
Ein Arzt hat Andreas schon kurz untersucht.
Er hat vermutet, dass es nicht das Herz ist.
Vielleicht ist es der Rücken.
Das muss man noch untersuchen.

Irini ist erst einmal sehr erleichtert:
Es ist weniger schlimm als befürchtet.
Andreas kann sitzen und sprechen.
Andreas kann wieder besser atmen.
Aber die Schmerzen in der Brust sind noch da.

Hannes fährt zurück zur Arbeit.
Irini bleibt bei Andreas.

Andreas muss noch in eine andere Abteilung.
Dort sitzen sie lange im Wartezimmer.
Irini ruft bei Hanne an.
Sie spricht auch mit Sofia.

Schließlich erfahren Irini und Andreas:
Die Probleme kommen von der Wirbelsäule.
Ein Brustwirbel ist blockiert.
Eine Ärztin behandelt Andreas.
Sie renkt den Wirbel wieder ein.

Danach geht es Andreas deutlich besser.
Er fühlt sich befreit.
Die Schmerzen sind fast weg. Er hat nur noch einen leichten Druck auf der Brust.
Er kann wieder nach Hause gehen.
Er muss aber bald zur Kontrolle kommen.

Hand in Hand verlassen sie die Station.

Auf dem Gang kommt ihnen eine Frau entgegen.
Irini blickt ihr ins Gesicht:
Hey – das ist ja – das ist Nadja!
Nadja vom Deutschkurs!
Nadja hat Irini auch erkannt und bleibt stehen.
Irini stellt Andreas vor und erzählt kurz, warum sie hier waren. Dann möchte sie wissen, was Nadja im Krankenhaus macht.
„Ich arbeite hier in der Küche. Nach unserem Deutschkurs habe ich Arbeit gesucht. Über eine Bekannte habe ich diese Stelle gefunden."

Auch Nadja hat die E-Mail von der Volkshochschule erhalten. Genau wie Irini hat sie sich schon für den nächsten Kurs angemeldet.

„Vielleicht kann ich wegen der Arbeit nicht jedes Mal kommen. Aber ich will weitermachen.
Ich freue mich, dass wir uns dort wieder treffen!"

„Ja, das freut mich auch sehr“, antwortet Irini. „Es war schön, dich zu treffen. Dann sehen wir uns nach den Sommerferien. Bis bald, Nadja.“

Was für ein Tag!

Andreas und Irini spazieren zur Bushaltestelle.
Das Auto steht noch bei der Arbeit. Das holen sie heute nicht mehr. Sie wollen nach Hause.
Andreas kann morgen mit dem Bus
zur Arbeit fahren.

Im Bus nimmt Andreas Irinis Hand: „Ich bin froh, dass ich dich habe“, flüstert er.
Irini lehnt sich an seine Schulter:
„Ich bin auch froh, dass ich dich habe.
Ich habe mir große Sorgen gemacht.
Jetzt bin ich sehr froh, dass mit dir nichts Schlimmes ist.“

Noch 30 Tage
Und eine nachdenkliche Stimmung

Irini und Sofia sind auf dem Spielplatz. Eigentlich wollte Irini lieber zu Hause bleiben. Aber Sofia war langweilig. Manchmal spielt sie draußen mit Kindern aus der Nachbarschaft. Heute war aber niemand da. Darum hat Sofia gebettelt: „Bitte, gehen wir auf den Spielplatz! Bitte, Mama! Ich will auf den Spielplatz!“ Irini hat schließlich zugestimmt. Sie hat aber gesagt: „Wir können nicht lange bleiben.“ „Das macht nichts. Komm, wir gehen.“

Auf dem Spielplatz sind nur wenige Kinder. Irini hofft, dass Sofia mit den anderen Kindern oder allein spielt. Irini möchte gern in Ruhe auf einer Bank sitzen.

Sofia braucht aber Aufmerksamkeit.
Sie läuft zwischen den Schaukeln, der Rutsche und dem Sandkasten hin und her. Mama soll immer in der Nähe sein und zuschauen.
Sofia bleibt überall nur kurz.

Jetzt will sie klettern.
„Mama, komm mit zum Kletterbaum!"
„Ich bin doch hier! Ich sehe dich!", ruft Irini.
„Nein, ich will, dass du kommst!", ruft Sofia.

Irini seufzt. Sie geht aber doch zu Sofia.
„Schau, Mama, ich bin schon so weit oben!"
„Ja, ich sehe dich. Das machst du gut", sagt Irini.

„Da kommt Laura!" Sofia klettert schnell wieder herunter. „Ich frage, ob sie mit mir spielen will." Sofia läuft zu dem Mädchen, das gerade auf den Spielplatz kommt.

Sofia kennt Laura vom Kindergarten. Die beiden Mädchen sprechen kurz miteinander und laufen dann zu den Schaukeln. Irini ist erleichtert. Endlich kann sie sich auf eine Bank setzen.

Die Mutter von Laura und der kleine Bruder sind auch gekommen.
Irini sieht sie und denkt: ‚Oje'.
Lauras Mutter ist die Frau, die abfällig über Ausländer gesprochen hat. Irini will ihr so weit wie möglich aus dem Weg gehen.

Zum Glück telefoniert die Frau gerade am Handy. Gleichzeitig sucht sie etwas in ihrer Tasche.

Der kleine Junge schläft im Kinderwagen.
Die Frau setzt sich auf eine Bank, die ein Stück von Irini entfernt ist. Irini ist froh darüber.

Trotzdem schaut sie kurz zu Lauras Mutter und nickt. Sie will nicht unhöflich sein und wenigstens grüßen. Lauras Mutter nickt knapp zurück und schaut dann wieder weg.

Irini ist es recht.
Sie sieht sich auf dem Spielplatz um.

Die Mädchen schaukeln noch.
Bei der Rutsche ist ein Junge mit seinem Opa.
Etwas weiter weg sitzt eine kleine Gruppe von Frauen. Es sind Türkinnen. Die Frauen sind mit einigen Kindern da. Die Kinder haben sich über den ganzen Spielplatz verteilt.
2 Jungen besuchen denselben Kindergarten wie Sofia und Laura. Die Türkinnen und ihre Kinder kommen öfter hierher. Irini hat sie schon ein paarmal gesehen. Es sind jedes Mal mehrere Frauen, 3 oder 4.

Eine allein hat Irini auf dem Spielplatz noch nicht getroffen.

Irini ist froh, dass sie mit niemandem reden muss. Sie kann einfach dasitzen und den Kindern zuschauen. Sofia scheint sich gut mit Laura zu verstehen. Das ist Irini einerseits im Moment ganz recht. Andererseits möchte sie so wenig Kontakt wie möglich zu Lauras Familie haben. Doch im Augenblick ist es in Ordnung, wie es ist.

Irini denkt an Andreas und an den Schrecken von letzter Woche. Sie ist so erleichtert, dass Andreas keine Herzprobleme hat. Zum Glück sind es „nur" Probleme mit der Wirbelsäule.

Seit diesem Erlebnis ist Irini oft nachdenklich: Was ist, wenn Andreas, sie selbst oder Sofia ernsthaft krank werden?

Was ist, wenn jemand aus ihrer Familie
in Griechenland krank wird?
Wer unterstützt Irini in schwierigen Zeiten?
Und für wen will und kann Irini selbst da sein?

Irini ist dankbar für die Anteilnahme, die sie letzte Woche gespürt haben: von ihrer eigenen Familie in Griechenland und von Verwandten von Andreas. Von ihrer Freundin Dora und natürlich von Hanne. Einige Kollegen und der Chef von Andreas haben sich gemeldet. Sie haben Nachrichten mit guten Wünschen geschickt.
Sie haben gefragt, wie es Andreas geht.

Auch Anita hat 2 Handy-Nachrichten geschrieben.
Sie wusste Bescheid, weil Hanne es ihr erzählt hat.
Für morgen Vormittag haben sich Irini und Anita in einem Café in der Stadt verabredet.
Irini freut sich auf das Treffen.

Es wird ihr guttun, die ganze Geschichte von Andreas noch einmal zu erzählen. Irini ist sich sicher, dass Anita mit Interesse und Mitgefühl zuhören wird.

Irini sitzt noch auf der Bank auf dem Spielplatz.
In Gedanken war sie gerade weit weg.
Es ist kühler geworden.
Irini friert jetzt ein bisschen.

Lauras Mutter ist aufgestanden.
Sie ruft nach ihrer Tochter. „Laura! Wir gehen!"

Gut. Irini will auch nach Hause.
Bevor sie ebenfalls nach Sofia rufen kann, piepst ihr Handy. Eine Nachricht von ihrer Freundin Dora aus Griechenland:

„Ich muss gleich weg, wir feiern heute den Geburtstag von Tante Chrissula. Ich hoffe, Andreas geht es gut!? Sag ihm liebe Grüße. Du fehlst mir! Ich freue mich, dass du bald kommst! Viele Küsschen."

Irini lächelt. Die liebe Dora.
Ja, sie fehlt Irini auch. Aber bald macht Irini mit ihrer Familie Sommerurlaub in Griechenland. Dann sieht Irini auch Dora wieder.

Noch 20 Tage
Und eine unerwartete Neuigkeit

Irini macht sich Sorgen.
Sofia geht nicht mehr so gern in den Kindergarten wie sonst.

In letzter Zeit hat Sofia viel mit Emmi und Lukas gespielt. Die 3 haben sich sehr gut verstanden. Doch seit Kurzem wollen Emmi und Lukas nicht mehr mit Sofia spielen. Die beiden haben Sofia schon ein paarmal weggeschickt.
Sofia ist traurig darüber.

Nun ist Irini zu Fuß auf dem Weg zum Kindergarten. Sie will Sofia abholen.
Wie wird es heute sein?
Was wird Sofia heute erzählen?

Seit Sofia in den Kindergarten geht, hat sie sich jeden Morgen gefreut: auf die anderen Kinder, auf die Erzieherinnen, auf das Spielen, auf das Basteln und Vorlesen, auf den Sandkasten.
Das hat sich geändert.

Gestern und heute hat Sofia zu ihrer Mutter gesagt: „Ich möchte lieber zu Hause bleiben."
Das kennt Irini sonst gar nicht von ihrer Tochter.

Normalerweise findet Sofia leicht Kontakt zu anderen Kindern. Sie versteht sich mit vielen. Auch im Kindergarten hat sie noch andere Spielkameraden als Lukas und Emmi. Aber mit diesen beiden hat sie seit längerer Zeit am liebsten gespielt.
Irini ist beunruhigt. Sie fühlt mit Sofia.
Es tut weh, wenn man von anderen ausgeschlossen wird.

Gleich kommt Irini beim Kindergarten an.
Während sie auf das Gebäude zugeht,
überlegt sie:
‚Es ist schon komisch. Bisher hat Sofia immer leicht Freunde gefunden. Bei mir hat das nicht so leicht geklappt. Doch jetzt habe ich mich mit Anita angefreundet. Dafür hat Sofia momentan Probleme mit ihren Freunden.'

Als Irini die Tür zum Kindergarten öffnen will, kommt Maria mit ihrer Tochter Lisa heraus.
Irini freut sich, Maria zu sehen.
„Hallo Maria", grüßt sie. „Wie geht es dir?"
„Hallo Irini! Ach, ich bin total im Stress!
Weißt du was? Wir ziehen bald um!"
Irini ist erstaunt:
„Ihr zieht um? Wohin denn?"
„Nach Rheinstadt. Mein Mann hat dort Arbeit gefunden. Er wollte hier schon lange weg.

Er mochte seine Arbeit nicht. Jetzt hat er endlich eine gute Stelle gefunden."
„Rheinstadt?" fragt Irini nach.
„Das ist aber weit weg, oder?"
Maria nickt: „Ja, schon ziemlich weit. Es sind ungefähr 200 Kilometer von hier. Der Bruder von meinem Mann wohnt auch in der Gegend."
Irini erinnert sich, dass Maria hier im gleichen Haus wohnt wie ihre Schwiegereltern.
„Und deine Schwiegereltern? Bleiben sie hier?"
„Nein, die wollen auch umziehen. Dann haben sie beide Söhne in ihrer Nähe. Sie haben es aber nicht so eilig wie wir. Wir müssen alles möglichst schnell erledigen. Mein Mann fängt bald mit der neuen Arbeit an."

Maria spricht ganz atemlos.
Man merkt, dass sie im Stress ist.

„Und du? Ziehst du gern weg von hier?“, möchte Irini wissen.
„Naja, es ist schon eine Umstellung. Aber es ist in Ordnung für mich. Wenn mein Mann mit seiner Arbeit zufrieden ist, ist das gut für uns alle. Und ich finde bestimmt auch wieder Arbeit. Außerdem ist die neue Wohnung größer als die alte. Wir haben sogar einen Garten.“
Maria schaut zu ihrer Tochter.
„Und Lisa bekommt ein großes neues Zimmer.“
„Ja, ich bekomme ein schönes Zimmer“, erzählt Lisa. „Unterm Dach. Das hat schräge Wände und ich kann meine Cousinen öfter besuchen.“
„Das ist schön.“ Irini nickt dem Mädchen zu.

Maria streckt Irini die Hand hin.
„Wir müssen weiter.
Falls wir uns nicht mehr sehen:
Alles Gute für euch und einen schönen Sommer!“

Irini drückt die Hand von Maria:
„Ja, auch für euch alles Gute! Ich wünsche euch, dass alles gutgeht und dass ihr euch wohlfühlt in Rheinstadt."

Maria und Lisa gehen zum Auto. Irini schaut den beiden nach. Das ist wirklich eine Überraschung.
Marias Familie zieht um.
Jeder hat seine eigenen Wege. In jedem Leben gibt es eigene Entwicklungen. Auch Veränderung gehört zum Leben.

Doch Irini hat keine Zeit zum Nachdenken. Ein Junge aus Sofias Gruppe hat sie schon gesehen und ruft: „Sofia! Deine Mama ist da!"
Sofia kommt gelaufen.
Sie macht ein fröhliches Gesicht. Das ist schon einmal ein gutes Zeichen, hofft Irini.

Auf dem Heimweg plappert Sofia fast ohne Unterbrechung. Sie erzählt, dass sie heute ganz viel mit Nathalie gespielt hat.
„Nathalie hat gesagt, sie will jeden Tag mit mir spielen. Wir sind jetzt Freundinnen, weißt du, Mama?"

Von Emmi und Lukas ist keine Rede mehr. Irini fragt auch nicht nach. Sie ist erleichtert, dass Sofia wieder eine Spielkameradin gefunden hat.

Sofia spricht weiter und erzählt ausführlich, was sie alles mit Nathalie gespielt und gesprochen hat. Irini bemüht sich, zuzuhören.
Sie ist aber in Gedanken noch bei Maria.
Erst vor Kurzem hat Irini sich vorgenommen, Maria noch einmal anzusprechen. Sie wollte herausfinden, ob sie sich mit Maria anfreunden kann. Und jetzt zieht Maria weg.

‚Dann werden wir keine Freundinnen mehr',
denkt Irini.
Sie ist nicht enttäuscht.
Sie nimmt es einfach, wie es ist.
Sie hat Maria noch nicht so gut gekannt.

Dafür lernt Irini Anita immer besser kennen.
Letzte Woche waren die beiden in
einem Café verabredet.
Sie haben sich über vieles unterhalten. Beide
haben auch über persönliche Dinge gesprochen.
Irini hat erzählt, dass sie meistens gern in
Deutschland lebt. Nur am Anfang hat sie sich
manchmal fremd gefühlt. Das passiert jetzt
viel seltener.
Es passiert vor allem dann, wenn Irini merkt: Als
Ausländerin bin ich nicht bei jedem willkommen.
Dann fühlt sie sich ein bisschen verloren.

Anita hat genau zugehört und nachgefragt.
Das Gespräch war sehr lebendig. Die Zeit ist schnell vergangen. Irini mag Anita sehr und spürt, dass es umgekehrt auch so ist.
Am kommenden Sonntag wollen sie sich beim Gottesdienst treffen.

Eigentlich sind das ganz normale Sachen, die gerade passieren: Ein Mensch geht, ein anderer Mensch rückt näher.

Bei Sofia ist es ganz ähnlich. Vielleicht geht gerade eine Freundschaft zu Ende und eine andere hat begonnen.

Alltägliche Ereignisse, und doch hat Irini das Gefühl:
Es ist gerade vieles in Bewegung bei uns.

Noch 10 Tage
Und kein Bikini mehr

Huuups ... Das scharfe Bremsen reißt Irini aus ihren Gedanken.
Der Bus steht, der Fahrer schimpft.
Irini kann von ihrem Platz aus nicht sehen, was los ist. Da fährt der Bus aber auch schon weiter.

Irini ist auf dem Weg von der Arbeit nach Hause.
Gerade hat sie an Sofia gedacht. Irini ist sehr froh, dass Sofia sich im Kindergarten wieder wohlfühlt.

Sofia hat sich mit Nathalie angefreundet.
Die zwei Mädchen sind jetzt im Kindergarten viel zusammen. Sofia war auch schon einmal am Nachmittag bei Nathalie zu Hause eingeladen.

Eine ältere Frau steigt in den Bus ein. Die meisten Plätze sind besetzt. Irini sitzt nahe an der Tür und steht auf. „Bitte setzen Sie sich", sagt sie zu der Frau.
„Danke schön". Die Frau lächelt Irini zu.

Irini stellt sich neben die Tür. Noch zwei Haltestellen, dann muss sie aussteigen.

Irini fällt ein, dass sie ihre Eltern anrufen muss. Irini, Andreas und Sofia fliegen in 10 Tagen nach Griechenland. Irinis Eltern wollen sie am Flughafen abholen. Irini muss ihnen noch sagen, wann genau das Flugzeug landet.

3 Wochen in der Heimat: Irini freut sich darauf. Familie und Freunde treffen. Die Muttersprache sprechen. Griechische Speisen essen. Ans Meer fahren ... Das wird schön.

Da vorne ist schon die Haltestelle, an der Irini aussteigen muss. Kurz vorher hält der Fahrer noch einmal an einer roten Ampel.

An der Haltestelle gegenüber wartet eine Frau aus der Nachbarschaft. Irini will ihr zuwinken. Die Frau schaut aber in eine andere Richtung. Da fällt Irinis Blick auf das Werbeplakat an der Haltestelle:
‚Hey! Die Frau im Bikini ist weg! Da steht nichts mehr von der Strandfigur in 100 Tagen!'
Stattdessen ist jetzt Werbung für ein Auto zu sehen.

Irini muss schmunzeln und denkt:
‚Die Strandfigur hat sowieso keiner gebraucht. Ich fliege jetzt bald ohne Strandfigur nach Griechenland und gehe trotzdem an den Strand.

Und meine Idee mit der Freundin in 100 Tagen war viel besser.'

Irini steigt aus. Der Bus fährt weiter. Jetzt schaut die Nachbarin von der anderen Straßenseite zu Irini herüber. Irini winkt. Die Frau winkt zurück.

Irini geht langsam nach Hause. Dabei betrachtet sie den Abendhimmel, der blau und rosa gefärbt ist. Irini ist müde vom Tag und von der Arbeit, aber sie fühlt sich gut. Irgendwie leicht und froh.

100 Tage sind vorbei
Gedanken über den Wolken

Halb 8 Uhr morgens. Sofia ist mit ihrem Kuschelhasen im Arm eingeschlafen.
Andreas liest die Zeitung.

Die Nacht war zu kurz, aber Irini kann jetzt nicht schlafen. Sie kann auch nicht lesen.
Dazu ist sie zu aufgeregt.

Die 3 sitzen im Flugzeug auf dem Weg nach Griechenland. Sie mussten um 4 Uhr früh aufstehen, um rechtzeitig am Flughafen zu sein.
Vor einer Stunde sind sie abgeflogen.
Hannes, der Kollege von Andreas, hat sie mit dem Auto zum Flughafen gebracht. Die Eltern von Irini holen sie nachher ab.
In 40 Minuten landet das Flugzeug.

Irini schaut auf die Wolken, die am Fenster vorbeiziehen. Sie denkt an ihr Freundin-Projekt. Sie hat in ihrem Kalender eingetragen, dass die 100 Tage am 14. Juli vorbei sind.
Das ist heute.
Ihr Reisetag nach Griechenland.

Eine Freundin finden ...
Was habe ich erreicht?
Was ist mir gelungen?

‚Ganz einfach war es nicht', überlegt Irini.
‚Man kann nicht alles selbst machen.
Freundschaft ist immer auch ein Geschenk.

Trotzdem muss man etwas tun.
Es ist wichtig, dass man auf Menschen zugeht.

Es muss jemand da sein, den man sympathisch findet. Der andere Mensch muss ebenfalls interessiert sein. Der Zeitpunkt sollte passen. Man braucht auch eine gute Gelegenheit, um ins Gespräch zu kommen.'

Dankbar erinnert sich Irini an den schönen Nachmittag vor 2 Tagen: Sie hat Hanne und Anita zum Kaffeetrinken eingeladen. Ein kleines Abschiedstreffen vor dem Urlaub. Die Frauen haben sich gut unterhalten und viel gelacht.

Manchmal haben Hanne und Anita sehr schnell gesprochen. Irini musste sie unterbrechen und nachfragen. Aber das war ihr in dieser Runde nicht peinlich.
Anita wollte sogar ein paar Worte auf Griechisch lernen. Am besten hat ihr das griechische Wort für „Rose" gefallen: triandafillo.

Es ist ein schwieriges Wort. Anita wollte sich das Wort merken und es richtig aussprechen. Sie hat sich Mühe gegeben. Geduldig hat Irini das Wort mehrfach wiederholt. Hanne hat zugehört und sich amüsiert.

Der Nachmittag ist schnell vergangen. Irini und Anita haben sich herzlich verabschiedet und schon über ein Treffen am Ende der Sommerferien gesprochen.

‚Ich glaube, ich habe es geschafft', denkt Irini. ‚In 100 Tagen eine Freundin!

Ich habe jetzt Anita. Ein bisschen sind wir schon Freundinnen. Wenn wir uns besser und länger kennen, können wir gute Freundinnen werden.'

Und auf einmal hat Irini noch einen anderen
Gedanken: ‚Eigentlich ist auch Hanne
eine Freundin.'
Irini hat es bisher nicht so gesehen. Hanne war
für sie immer die freundliche Nachbarin,
fast wie eine nette ältere Verwandte.

Die Frauen kennen sich inzwischen recht gut.
Sie haben schon über vieles gesprochen.
Jede nimmt Anteil am Leben der anderen.
Sie mögen sich und helfen sich gegenseitig.
Irini hat Vertrauen zu Hanne.

Das ist doch Freundschaft.
Der Altersunterschied spielt dabei keine Rolle.

Irini findet es trotzdem schön, wenn sie
Freundinnen ungefähr im gleichen Alter hat.
Aber nicht jede Freundin muss gleichaltrig sein.

‚Ja, Hanne ist auch meine Freundin.'
Irini ist sich jetzt sicher.

‚Dann habe ich ja schon 2 Freundinnen in Deutschland: Hanne und Anita. Und nach den Ferien treffe ich im Deutschkurs wieder Nadja. Sie ist mir auch sehr sympathisch. Vielleicht lernen wir uns besser kennen. Vielleicht kann auch Nadja eine Freundin werden. Und wenn nicht, ist es auch gut.
Ich habe ja noch meine Freundinnen in Griechenland, vor allem meine liebe Dora.
Ich habe meine Familie.
Eigentlich habe ich sehr viel.
Viele liebe Menschen.
Das ist ein großes Geschenk.'

Eine Durchsage unterbricht Irinis Gedanken.
Die Maschine macht sich zur Landung bereit.
Die Leute sollen sich wieder anschnallen.

Sofia wacht auf: „Sind wir da?"
„Ja, bald sind wir da."
„Ich freu mich so auf Oma und Opa!"

Irini und Andreas schauen sich an.
Beide lächeln. Sie freuen sich auch.

Irini hat einen lustigen Gedanken:
Kommt jetzt nach dem 100-Tage-Freundin-Projekt das 20-Tage-Urlaubs-Projekt?

Ach was, kein Projekt mehr.
Einfach Urlaub.
Einfach Freude.

Gudrun Nilius kommt aus Österreich, lebt aber schon lange in Deutschland. Sie wurde 1968 in Salzburg geboren und ist dort aufgewachsen. Später hat sie viele Jahre in Wien gewohnt. Inzwischen lebt sie mit ihrem Mann und ihrem Sohn im Saarland. Sie unterrichtet Deutsch für Migrantinnen und Migranten an der Volkshochschule. Gudrun Nilius hat bereits in ihrer Kindheit und Jugend gern geschrieben: Geschichten, Gedichte, Briefe, Tagebücher. 2015 hat sie begonnen, Texte in Einfacher Sprache zu schreiben und zu veröffentlichen. „In 100 Tagen eine Freundin" ist ihr erster Roman.